प्याज की उन्नत खेती

1
परिचय

प्याज (Onion) का वानस्पतिक नाम *एलियम सेपा* एल. (*Allium cepa* L.) है। यह ऐमेरीलीडेसी (Amaryllidaceae) कुल के अंतर्गत आता है। प्याज का उत्पत्ति स्थान मध्य एशिया (Central Asia) माना जाता है। प्याज एक नकदी फसल (Cash Crop) है। इसमें विटामिन सी, फास्फोरस आदि पौष्टिक तत्व प्रचुर मात्रा में पाये जाते हैं। इसका उपयोग सलाद, सब्जी, अचार एवं मसाले के रूप में किया जाता है। प्याज के कंदों में तेज गंध एक वाष्पशील तेल एलाइल प्रोपाइल डायसल्फाइड (ally lpropyl disulphide) के कारण होती है। भारत में रबी तथा खरीफ दोनों ऋतुओं में प्याज उगाया जाता है। भारत मे 1285 हजार हेक्टेयर में प्याज की खेती की जाती है, जिससे 23262.3 हजार मीट्रिक टन उत्पादन प्राप्त होता है। भारत में प्याज की औसत उत्पादकता 18.10 मीट्रिक टन प्रति हेक्टेयर है (हॉर्टिकल्चर स्टेटिस्टिक्स एट ए ग्लांस 2018)। भारत मेंमहाराष्ट्र, मध्य प्रदेश, कर्नाटक, बिहार, आंध्र प्रदेश, उड़ीसा, राजस्थान, हरियाणा तथा गुजरात प्रमुख प्याज उत्पादक राज्य हैं। मध्य प्रदेश मे 150.87 हजार हेक्टेयर में प्याज की खेती की जाती है जिससे 3701.01 हजार मीट्रिक टन उत्पादन प्राप्त होता है। मध्य प्रदेश में प्याज की औसत उत्पादकता 24.53 मीट्रिक टन प्रति हेक्टेयर है (हॉर्टिकल्चर स्टेटिस्टिक्स एट ए ग्लांस 2018)। किसान भाई प्याज की खेती कर अच्छा लाभ प्राप्त कर

सकते हैं ।

2
जलवायु एवं मृदा

उपयुक्त जलवायु (Suitable climate)

प्याज शीतोष्ण जलवायु की फसल है लेकिन इसे उष्ण-कटिबंधीय जलवायु (Tropical climate) और उपोष्ण-कटिबंधीय जलवायु (Sub-tropical climate) में भी लगाया जा सकता है। हल्के मौसम में इसकी अच्छी उपज प्राप्त की जा सकती है, अत्यधिक गर्मी या ठंड हो नही हो और न ही अत्यधिक वर्षा। भारत में लघु दिवस प्याज मैदानों में लगाया जाता है, जिसे 10-12 घंटे लंबे दिन की आवश्यकता होती है। दीर्घ दिवस प्याज को 13-14 घंटे प्रकाश दिन की आवश्यकता होती है और यह पहाड़ियों में उगाया जाता है। वनस्पति विकास के लिए, कम प्रकाश समय के साथ कम तापमान की आवश्यकता होती है, जबकि उच्च तापमान के साथ लंबा प्रकाश समय प्याज के विकास और परिपक्वता के लिए आवश्यक है। वनस्पति चरण और प्याज के विकास के लिए अनुकूलतम तापमान (Optimum temperature) क्रमशः 13-24 डिग्री सें. और 16-25 डिग्री सें. है। इसकी अच्छी वृध्दि के लिए 70% सापेक्ष आर्द्रता की आवश्यकता होती है। जहाँ मानसून के दौरान अच्छे वितरण के साथ औसतन वार्षिक वर्षा 650-750 मिमी हो वहाँ प्याज की उपज अच्छी आती है। कम (<650 मीमी) या भारी (>750 मीमी) वर्षा के क्षेत्र इस फसल के लिए उपयुक्त नहीं है।

उपयुक्त मृदा (Suitable soil)

प्याज सभी प्रकार की मिट्टीयों (Soils) में उगाई जा सकता है जैसे कि रेतीली, दोमट, गाद दोमट और भारी मिट्टी। सफल प्याज की खेती के लिए सबसे अच्छी मिट्टी दोमट और जलोढ़ हैं जिसमें समुचित जल निकासी के साथ अच्छी नमी धारण क्षमता और पर्याप्त कार्बनिक पदार्थ (Organic matters) हों। प्याज की फसल के लिए मृदा पीएच (pH) इष्टतम 6.0 - 7.5 होना चाहिए, लेकिन प्याज हल्की क्षारीय मिट्टी में भी उगाया जा सकता है।

3

उन्नत किस्में

भीमा डार्क रेड (Bhima Dark Red)

यह किस्म विशेष रूप से अपने आकर्षक गहरे लाल रंग के फ्लैट ग्लोब के कारण अनुशंसित की जाती है। यह किस्म रोपाई के 95-100 दिनों बाद फसल पककर तैयार हो जाती है। इस किस्म की औसत उपज 200-220 क्विंटल/हेक्टैयर है। यह किस्म छत्तीसगढ़, दिल्ली, गुजरात, हरियाणा, कर्नाटक, मध्य प्रदेश, महाराष्ट्र, ओडिशा, पंजाब, राजस्थान और तमिलनाडु में खरीफ सीजन के लिए जारी की गई है।

भीमा सुपर(Bhima Super)

इस किस्म के कंद ठोस, गोल, सकेन्द्रक, मध्यम लाल रंग के होते हैं। खरीफ में यह किस्म रोपाई के 100-105 दिन बाद एवं पछेती खरीफ में 110-120 दिन बाद फसल पककर तैयार हो जाती है। पछेती फसल को 4 माह तक भण्डारित किया जा सकता है। इस किस्म की औसत उपज खरीफ में 200-220 क्विंटल /हेक्टैयर एवं पछेती खरीफ में 400-450 क्विंटल /हेक्टेयर है। यह किस्म खरीफ एवं पछेती खरीफ मौसम में छत्तीसगढ़, दिल्ली, गुजरात, हरियाणा, कर्नाटक, मध्य प्रदेश, महाराष्ट्र, ओडिशा, पंजाब, राजस्थान और तमिलनाडु में उगाने के लिए उपयुक्त है।

भीमा राज (Bhima Raj)

इस किस्म के कंद पतली गर्दन के साथ एकल केंद्रित बल्ब गहरे लाल रंग के होते हैं। यह किस्म रोपाई के 120-125 दिन बाद पककर तैयार हो जाती है। इस किस्म की औसत उपज 250-300 क्विंटल/हेक्टैयर है। यह किस्म महाराष्ट्र, कर्नाटक और गुजरात राज्यों में खरीफ और देर से खरीफ सीजन में उगाने के लिए अनुशंसित की गई है।

भीमा किरन (Bhima Kiran)

इस किस्म के कंद मध्यम लाल रंग के, दीर्घवृत्ताकार से गोल आकार के होते हैं। इस किस्म की भण्डारण क्षमता अच्छी होती है एवं 5-6 माह तक भण्डारित किया जा सकता है। रोपाई के 130 दिनों बाद पककर तैयार हो जाती है। इस किस्म की औसत उपज क्षमता 415 क्विंटल/हेक्टैयर है। इस किस्म को महाराष्ट्र, कर्नाटक, आंध्र प्रदेश, दिल्ली, यूपी, हरियाणा, बिहार और पंजाब में रबी मौसम में उगाने के लिए अनुशंसित किया गया है।

भीमा शक्ति (Bhima Shakti)

इस किस्म के कंद आकर्षक लाल रंग के गोल होते हैं। रोपाई के 130 दिन बाद फसल पककर तैयार हो जाती है। इस किस्म से खरीफ में 459 क्विंटल/हेक्टेयर एवं रबी में 427 क्विंटल/हेक्टेयर प्राप्त की गई है। यह किस्म महाराष्ट्र, कर्नाटक, आंध्र प्रदेश, दिल्ली, यूपी, हरियाणा, बिहार, पंजाब, राजस्थान, गुजरात, एमपी, छत्तीसगढ़ और उड़ीसा में पछेती खरीफ एवं रबी मौसम में उगाने के लिए विमोचित की गई है।

भीमा लाइट रेड (Bhima Light Red)

यह एक मध्यम परिपक्वता (रोपाई के 115 दिन बाद) है, जिसमें पतली गर्दन और 13% के घुलनशील ठोस पदार्थों के साथ लगभग 70 ग्राम हल्के लाल ग्लोब के बल्ब होते हैं। अनुशंसित क्षेत्र में बहुस्तरीय परीक्षणों में इसकी औसत उपज 385 क्विंटल प्रति हेक्टेयर थी। चार महीने के भंडारण के बाद कुल वजन में कमी 25% से कम थी। यह डबल्स और बोल्टर्स से लगभग मुक्त है। यह किस्म कर्नाटक और तमिलनाडु में रबी मौसम में खेती के लिए अनुशंसित है।

भीमा रेड (Bhima Red)

इस किस्म के कंद आकर्षक लाल रंग के गोल होते हैं। महाराष्ट्र और मध्य प्रदेश में रबी सीजन के लिए पहले से ही सुझाई जाने वाली इस किस्म को दिल्ली, गुजरात, हरियाणा, कर्नाटक, महाराष्ट्र, पंजाब, राजस्थान और तमिलनाडु में खरीफ के लिए रिलीज करने की भी सिफारिश की गई है। इस किस्म से खरीफ में 190-210 क्विंटल/हेक्टैयर पछेती खरीफ में 480-520 क्विंटल/हेक्टैयर एवं रबी में 300-320 क्विंटल/हेक्टैयर उपज प्राप्त हो जाती है।

भीमा श्वेता (Bhima Shweta)

इस किस्म के कंद गोल आकर्षक सफेद रंग के होते हैं। यह किस्म रोपाई में 110-120 दिनों बाद पककर तैयार हो जाती है। भण्डारण क्षमता मध्यम होती है। इस किस्म की औसत उपज 260-300 क्विंटल/हेक्टेयर है। यह किस्म छत्तीसगढ़, गुजरात, कर्नाटक, मध्य प्रदेश, महाराष्ट्र, ओडिशा, राजस्थान और तमिलनाडु में रबी मौसम में उगाने के लिए विमोचित की गई है।

भीमा शुभ्रा (Bhima Shubra)

इस किस्म के कंद दीर्घवृत्ताकार से गोल आकार के आकर्षक सफेद रंग के होते हैं। यह किस्म खरीफ में रोपाई के 110-115 दिनों बाद एवं पछेती खरीफ में 120-130 दिनों बाद पककर तैयार हो जाती है। इस किस्म की औसत उपज खरीफ में 180-200 क्विंटल/हेक्टेयर एवं पछेती खरीफ खरीफ में 360-420 क्विंटल/हेक्टेयर है। यह किस्म छत्तीसगढ़, गुजरात, कर्नाटक, मध्य प्रदेश, महाराष्ट्र, ओडिशा, राजस्थान और तमिलनाडु खरीफ में उगाने के लिए विमोचित की गई है। यह महाराष्ट्र में देर से खरीफ के लिए भी अनुशंसित है।

एग्रीफाउण्ड डार्क रेड (Agrifound Dark Red)

इस किस्म के कंद गोल, गहरे लाल, 4-6 सेमी व्यास के होते हैं। यह किस्म फसल रोपाई के 95 - 110 दिन में पककर तैयार हो जाती है। यह किस्म खरीफ के लिए उपयुक्त होती है। इस किस्म की औसत उपज 300 क्विंटल प्रति हेक्टर होती है।

एग्रीफाउण्ड लाइट रेट (Agrifound Light Red)

इस किस्म के कंद गोल, हल्के लाल 4-6 सेमी व्यास के होते हैं। यह किस्म रबी के लिए अनुशंषित की जाती है। फसल रोपाई के 120-125 दिन में पककर तैयार हो जाती है । इस किस्म की औसत उपज 300 क्विंटल प्रति हेक्टर है।

अर्का स्वादिष्ट (Arka Swadista)

यह किस्म वंशावली प्रजनन के माध्यम से विकसित की गई है । इसका रंग सफेद होता है । इसकी टीएसएस 20° ब्रिक्स है। कंद की उपज 300 क्विंटल /हेक्टेयर है।

अर्का सोना (Arka Sona)

अर्का सोना पीला प्याज है, जिसका विकास एशियाई देशों में निर्यात हेतु वंशवाली विधि द्वारा किया गया है। कंद की उपज 120 दिनों में 450 क्विंटल /हेक्टेयर है।

अर्का भीम(Arka Bheem)

यह तीन जनक वाली सिंथेटिक किस्म है, जिसका रंग लाल से गुलाबी लाल और आकार दीर्घाकार ग्लोब के जैसा है। कंद की औसत वज़न 120 ग्राम है। इस किस्म की उपज 130 दिनों में 470 क्विंटल /हेक्टेयर है।

अर्का विश्वास (Arka Vishwas)

इसका विकास एशियाई देशों में निर्यात हेतु वंशवाली विधि द्वारा किया गया है। कंद की उपज 300 क्विंटल/हेक्टेयर है।

अर्का उज्ज्वल (Arka Ujjwal)

यह किस्म वंशावली प्रजनन के माध्यम से निर्यात बाज़ार के लिए विकसित की गई है । इसकी टीएसएस 18° ब्रिक्स है। कंद की उपज 300 क्विंटल /हेक्टेयर है।

अर्का लालिमा (Arka Lalima)

इस किस्म के मध्यम से बड़े व ग्लोब के आकार और ठोस बनावट वाले कंद होते हैं । यह किस्म भिन्नाश्रयी प्रजनन (नरबंध्य आधारित) के माध्यम से विकसित की गई है। यह किस्म रोगों व कीटों के प्रति प्रक्षेत्र सहनशील है । खरीफ़ व रबी के लिए उपयुक्त है । कंद की उपज 470 क्विंटल /हेक्टेयर है।

अर्का कीर्तिमान (Arka Kirhiman)

इस किस्म के कंद मध्यम से बड़े व ग्लोब के आकार और ठोस बनावट वाले होते हैं। यह किस्म भिन्नाश्रयी प्रजनन (नरबंध्य आधारित) के माध्यम से विकसित की गई है। यह किस्म रोगों व कीटों के प्रति प्रक्षेत्र सहनशील। खरीफ़ व रबी के लिए उपयुक्त है। कंद की उपज 450 क्विंटल/हेक्टेयर है।

अर्का पीताम्बर (Arka Pitamber)

इस किस्म के बल्ब एक समान पीले रंग के ग्लोब आकार के और पतली गर्दन के साथ मध्यम आकार के होते हैं। इसमें टीएसएस 11° ब्रिक्स होता है। यह किस्म बैंगनी धब्बा, बेसल सडन रोगों के प्रति सहिष्णु है और भण्डारण (3-4 महीने) एवं निर्यात बाजार के लिए उपयुक्त है।

अर्का बिंदु (Arka Bindu)

यह किस्म अत्यंत तीखी, निर्यातोन्मुखी होती है। इस किस्म का मलेशिया, सिंगापुर, इंडोनेशिया और बंग्लादेश में निर्यात किया जाता है। कंद आकर्षक चमकीले गहरे लाल, चपटा, ग्लोबाकार के होते हैं। रबी और खरीफ़ के लिए उपयुक्त है। इस किस्म की कंद उपज 250 क्विंटल/हेक्टेयर है।

अर्का प्रगति (Arka Pragati)

इस किस्म के कंद ग्लोबाकार के और पतली गर्दन वाले, मध्यम आकार के होते हैं, जिनके बाहरी शल्क गहरे पीले होते हैं। यह अत्यंत तीखा है। कंद का औसत वज़न 100-160 ग्राम होता है। इस किस्म की कंद उपज 350 क्विंटल/हेक्टेयर है।

अर्का निकेतन (Arka Niketan)

इस किस्म के कंद मध्यम आकार के हल्के लाल व तीखे सुवास वाले होते हैं। इस किस्म को सामान्य तापमान में 5 महीने तक रखा जा सकता है। रबी के लिए उपयुक्त है। कंद की उपज 340-370 क्विंटल/हेक्टेयर है।

अर्का कल्याण (Arka Kalyan)

इस किस्म के कंद आकर्षक लाल, चपटा ग्लोबार के, 100-140 ग्राम के होते हैं। यस किस्म बैंगनी धब्बा रोग के लिए प्रतिरोधी है । देश के कई कृषि-पारिस्थितिकीय क्षेत्रों में बहुत ही लोकप्रिय और व्यापक रूप से अपनाई गई किस्म है । कंद उपज 400 क्विंटल/हेक्टेयर है।

4

उत्पादन प्रौद्योगिकी

खेतकी तैयारी कैसे करें(How to prepare field)

प्याज की रोपाई के लिए दो-तीन जुताइयां कल्टीवेटर चलाकर करें, यदि खेत में ढेलें हो तो एक बार रोटावेटर चलाकर खेत को समतल कर लेवें। इसके बाद रोपाई के लिए क्यारियां बना लेवें।

बीजकी बुवाई कब करें (When to sow seeds)

प्याज के बीज की बुवाई खरीफ मौसम में मई के अन्तिम सप्ताह से लेकर जून के मध्य तक करते हैं। प्याज की रबी फसल हेतु नर्सरी में बीज की बुवाई नवम्बर माह में करनी चाहिए।

स्वस्थपौध कैसे तैयार करें (How to grow healthy seedlings)

उचित पौधशाला (Nursery) प्रबंधन और रोपाई का प्याज की फसल में महत्वपूर्ण योगदान है। लगभग 500 वर्ग मीटर क्षेत्र की पौधशाला (Nursery) 1 हेक्टेयर में रोपाई हेतु पर्याप्त है। इसके लिए खेत की 2-3 बार जुताई करना चाहिए जिससे ढ़ेले टूट जाए और मिट्टी भूरभूरी होकर अच्छी तरह से पानी धारण कर सके। भूमि की तैयारी से पहले पिछली फसल के बचे हुए भाग, खरपतवार और पत्थर हटा देने चाहिए। आखिरी जुताई के समय 10 क्विंटल पकी हुई हुइ गोबर की खाद 500 वर्ग मीटर क्षेत्र में मिट्टी के साथ अच्छी तरह से मिलाना चाहिए। पौधशाला (Nursery) के लिए 10-15 सेंमी ऊंचाई, 1मी. चौड़ाई और सुविधा के अनुसार लंबाई की उठी हुई क्यारियां (Beds) तैयार की

जानी चाहिए। क्यारियों के बीच की दूरी कम से कम 30 सेमी होनी चाहिए, जिससे एक समान पानी का बहाव हो सके और अतिरिक्त पानी की निकासी भी संभव हो। उठी हुई क्यारियों की पौधशाला के लिए सिफारिश की गई है, क्योंकि समतल क्यारियों में ज्यादा पानी की वजह से बीज बह जाने का खतरा रहता है। लगभग 10 किलोग्राम बीज एक हेक्टेयर में पौध के लिए आवश्यक है। बुवाई से पहले बीज को थाइरम 2 ग्राम/किलोग्राम बीज + कार्बेनिन्डाजिम 1 ग्राम प्रति किलोग्राम की दर से उपचार करें या *ट्रायकोडरमाविरीडी* (*Trichoderma viride*) 4 ग्राम प्रति किलोग्राम बीज की दर से बीज उपचार (Seed treatment)करें। बीज को 5 सेमी 7.5 सेमी की कतार से कतार की दूरी पर कतारों में बोया जाना चाहिए, जिससे बीज बुवाई के बाद निराई–गुड़ाई और कीटनाशकों का छिड़काव आसानी से हो सके। बुवाई के बाद बीज को सड़ी हुई गोबर की खाद या कम्पोस्ट से ढँक देना जाना चाहिए और फिर हल्के पानी का छिड़काव करना चाहिए। सुक्ष्म फव्वारा (Micro-sprinkler) प्रणाली के माध्यम से सिंचाई करने पर पानी की बचत होती है। पौधशाला में मेटालेक्सिल 2 ग्राम प्रति लीटर पानी के पर्णीय छिड़काव (Foliar Application) का मृदा जनित रोगों को नियंत्रित करने के लिए सिफारिश की गई है। कीटों का प्रकोप अधिक होने पर फिप्रोनील 5% ईसी 1 मिली प्रति लीटर पानी में घोलकर पत्तों पर छिड़काव करना चाहिए। प्याज के पौध खरीफ में 35-40 दिनों में और पछेती खरीफ एवं रबी में 45-50 दिनों में रोपाई के लिए तैयार हो जाते हैं।

पौधरोपण (Transplanting)

रोपाई के लिए पौध का चयन करते समय उचित ध्यान रखना चाहिए। कम और अधिक आयु के पौध रोपाई के लिए नहीं लेने चाहिए। रोपाई के समय पौध के शीर्ष का एक तिहाई भाग काट देना चाहिए जिससे उनकी अच्छी स्थापना हो सके। रोपाई के समय पंक्तियों के बीच 15 सेंमी और पौधों के बीच 10 सेंमी इष्टतम अंतर होना चाहिए।

एकीकृत पोषकतत्व प्रबंधन (Integrated Nutrient Management)

प्याज की फसल से भरपूर उत्पादन प्राप्त करने हेतु खाद एवं उर्वरकों का उपयोग मृदा परीक्षण की अनुशंसा के अनुसार करें। सामान्तया अच्छी फसल लेने के लिये 250 क्विंटल प्रति हेक्टेयर अच्छी सड़ी गोबर खाद (FYM) खेत की अंतिम जुताई के समय मिला दें साथ में जैव उर्वरक *ऐजोस्पाइरिलियम(Azospirillum)* और पीएसबी जीवाणु की 5 किलोग्राम/हेक्टेयर की दर से मिट्टी में मिलावें। प्याज को 120 किलोग्राम नत्रजन, 40 किलोग्राम फॉस्फोरस, 50 किलोग्राम पोटाश एवं 20 किलोग्राम सल्फर प्रति हेक्टेयर की आवश्यकता होती है। इसके लिए लगभग 100 किलोग्राम डीएपी (DAP), 100 किलोग्राम अमोनियम सल्फेट (Ammonium sulphate), 80 किलोग्राम मयूरेट ऑफ पोटाश (Muriate of Potash) प्रति हेक्टेयर रोपाई के पूर्व देवें। प्याज में 100 किलोग्राम यूरिया (Urea) प्रति हेक्टेयर रोपाई के 30 दिन बाद तथा 100 किलोग्राम यूरिया रोपाई के 45 दिन बाद छिड़ककर दें।

उच्चगुणवत्ता हेतु जैव उर्वरक का उपयोग (Use of bio fertilizers for higher quality)

जैव उर्वरकों (Bio-fertilizers) में सूक्ष्मजीव (Micro-organisms) उपस्थित होते हैं। जैव उर्वरकों का उपयोग बीज उपचार या फिर मिट्टी में डालने के लिए किया जाता है। जब इन्हें बीज या मिट्टी में डालते हैं, तब इनमें उपस्थित सूक्ष्म जीव नत्रजन स्थिरीकरण, फॉस्फोरस घुलनशीलता और दूसरे विकास वर्धक पदार्थों द्वारा प्राथमिक पोषक तत्वों की उपलब्धता में वृद्धि करते है जिससे पौधो का विकास होता है। प्याज एवं लहसुन अनुशंधान निदेशालय (DOGR) में किए गए प्रयोगों के आधार पर, जैविक उर्वरक *ऐजोस्पाइरिलियम (Azospirillum)* और फॉस्फोरस घोलनेवाले जीवाणु (Phosphate solubilizing bacteria) की 5 किलोग्राम/हेक्टेयर की दर से प्याज फसल के लिए सिफारिश की गई है। *ऐजोस्पाइरिलियम (Azospirillum)* जैविक नत्रजन स्थिरीकरण द्वारा मिट्टी में नत्रजन की उपलब्धता को बढ़ाते हैं और फास्फोरस घोलनेवाले जीवाणु (Phosphate solubilizing bacteria) के इस्तेमाल से मृदा में मौजूद अनुपलब्ध फॉस्फोरस पौधों के लिए उपलब्ध होते हैं जिससे

फास्फोरस उर्वरकों की क्षमता बढ़ती है।

अच्छीउपज हेतुपानी में घुलनशीलउर्वरकों का पर्णीय छिडकाव(Foliar spraying of water soluble fertilizers for good yield)

- यदि वानस्पतिक वृद्धी कम हो तो 19:19:19 पानी मे घुलनशील उर्वरक 2.5 किलोग्राम प्रति हेक्टेयर 500 लीटर पानी मे घोलकर रोपाई के 15, 30 एवं 45 दिन बाद छिडकाव करें। इसके बाद 13:0:45 पानी मे घुलनशील उर्वरक 2.5 किलोग्राम प्रति हेक्टेयर 500 लीटर पानी मे घोलकर रोपाई के 60, 75 एवं 90 दिन बाद छिडकाव करें।
- अच्छी उपज व गुणवत्ता के लिए सूक्ष्म पोषक तत्वों (micro nutrients) का मिश्रण 500 ग्राम प्रति हेक्टेयर 500 लीटर पानी मे घोलकर रोपाई के 45 और 60 दिन बाद छिडकाव करें। धन्यवाद।

खरपतवारप्रबंधन कैसे करें(How to manage weed)

फसल को खरपतवारों (Weeds) से मुक्त रखने के लिए समय-समय पर निराई-गुड़ाई करके खरपतवारों को निकालते रहना चाहिए। इसके अतिरिक्त खरपतवारनाशी (Herbicides) जैसे पेंडिमेथेलिन 30% ईसी 3.33 लीटर प्रति हेक्टेयर की दर से 500 लीटर पानी मे घोलकर रोपाई के 3 दिन के अंदर छिडकाव करें या ऑक्सिफलौरफेन 23.5% ईसी 650 मिली प्रति हेक्टेयर 500 लीटर पानी मे घोलकर रोपाई के 3 दिन के अंदर छिडकाव करें यदि खड़ी फसल में खरपतवारों की रोकथाम के लिए ऑक्सिफलौरफेन 23.5% ईसी 500 मिली प्रति हेक्टेयर 500 लीटर पानी + क्विज़लफोप इथाइल 5% ईसी 1000 मिली प्रति हेक्टेयर 500 लीटर पानी में घोलकर रोपाई के 20 से 25 दिन बाद छिडकाव करें।

जलप्रबंधन(Water management)

प्याज में मौसम, मिट्टी का प्रकार, सिंचाई की विधि और फसल की आयु के आधार पर सिंचाई (Irrigation) की आवश्यकता निर्भर करती

है। आम तौर पर रोपाई के समय, रोपाई से तीन दिनों बाद और मिट्टी की नमी के आधार पर 7-10 दिनों के अंतराल पर सिंचाई की जरूरत होती है। खरीफ फसल में 5-8 बार, पछेती खरीफ फसल में 10-12 बार और रबी की फसल में 12-15 बार सिंचाई की जरूरत है। फसल परिपक्व होने के पश्चात (फसल कटाई से 10-15 दिन पहले) सिंचाई बंद करनी चाहिए। इससे भंडारण (Storage) के दौरान सड़न को कम करने में मदद मिलती है। अतिरिक्त सिंचाई प्याज की फसल के लिए हानिकारक होती है तथा शुष्क समय के बाद सिंचाई करने से दुफाड कन्द बनते हैं।

प्याजमें टपक सिंचाई का उपयोग कैसे करें(How to use drip irrigation in onion)

आधुनिक सिंचाई तकनीक जैसे टपक (Drip) सिंचाई और फव्वारा सिंचाई से पानी की बचत और प्याज की विपणन योग्य उपज में बढ़ौतरी होती है। टपक सिंचाई में, पौध को 15 सें.मी. ऊंची, 120 सें.मी. चौड़ी क्यारियों में 10 x 15 सें.मी. की दूरी पर लगाना चाहिए। हर चौड़ी उठी हुई क्यारी में 60 सें.मी. की दूरी पर दो टपक लेटरल नलियां (16 मि.मी. आकार) अंतर्निहित उत्सर्जकों के साथ होनी चाहिए। दो अंतर्निहित उत्सर्जकों के बीच की दूरी 30-50 सें.मी. और प्रवाह की दर 4 ली./घंटा (4lph) होनी चाहिए।

फव्वारासिंचाई प्रणाली का उपयोग कैसे करें(How to use the sprinkler irrigation system)

फव्वारा (Sprinkler) सिंचाई प्रणाली में दो लेटरल (20 मि.मी.) के बीच की दूरी 6 मी. और निर्वहन दर 135 लि./घंटा होनी चाहिए। शोध परिणामों से पता चलता है कि बाढ़ सिंचाई की तुलना में टपक सिंचाई से ए श्रेणी के कन्द की अधिकता, 35-40% पानी की बचत और 20-30%श्रम की बचत के साथ कन्द उपज में 15-25% वृध्दि होती है।

फर्टीगेशनकैसे करें(How to do fertigation)

उर्वरकों को टपक (Drip) सिंचाई द्वारा इस्तेमाल करना एक प्रभावी और कारगर तरीका है। इसमें पानी को पोषक तत्वों के वाहक एवं वितरक के रुप में उपयोग किया जाता है। उच्च विपणन योग्य कन्द उपज और मुनाफा प्राप्त करने के लिए 40 किलोग्राम नत्रजन रोपाई

के समय आधारीय मात्रा के रूप में और शेष नत्रजन का उपयोग छह भागों में, रोपाई से 60 दिनों तक 10 दिनों के अंतराल पर टपक सिंचाई के माध्यम से किया जाना चाहिए। टपक सिंचाई (Drip irrigation) प्रणाली न केवल पानी की बचत करने में मदद करता है बल्कि भूमिगत जल में नत्रजन के रिसाव को कम करता है क्योंकि इस में पोषक तत्व का इस्तेमाल केवल जड़ों में किया जाता है, जिससे यह पोषक तत्व पर्याप्त मात्रा में पौधों को मिलते हैं।

खुदाई (Harvesting)

प्याज की फसल 50 प्रतिशत गर्दन गिरने के बाद निकाली जानी चाहिए जो कि फसल परिपक्वता का संकेतक है। हालांकि, खरीफ के मौसम में रोपाई के 90-110 दिनों में एवं रबी में रोपाई के 120 -125 दिनों बाद कन्द (Bulb) परिपक्व हो जाते हैं, लेकिन पौधे सक्रिय विकास के चरण में ही रहते है और गर्दन गिरने के लक्षण नहीं दिखाई देते। ऐसे समय में रंगद्रव्य और प्याज के आकार को भी खरीफ मौसम के दौरान परिपक्वता के लिए सूचकांक के रूप में लिया जाता है। कन्द के संपूर्ण विकास के बाद, कटाई से दो-तीन दिन पहले गर्दन गिरावट को प्रेरित करने के लिए खाली ड्रम घुमाना चाहिए। कटे हुए कन्द को तीन दिनों के लिए खेतों में सूखने के लिए छोड़ देना जाना चाहिए, जिससे कन्द शुष्क हो जाते हैं। इससे उनकी जीवनावधि बढ़ जाती है। तीन दिनों के बाद 2.0-2.5 सें.मी. गर्दन को छोड़ सबसे ऊपर का भाग हटा देना चाहिए तथा उसके बाद 10-12 दिनों के लिए कन्दों को छाया में रखना चाहिए जिससे कि बेहतर भंडारण हो सके। समयपूर्व कटाई करने से कार्यिकीय भार क्षती, सड़न और अंकुरण के कारण सस्योत्तर नुकसान बढ़ता है।

5
उपज एवं श्रेणीकरण

संभावित उपज (Potential yield)

प्याज की वैज्ञानिक तकनीक से खेती करने पर औसतन 250-300 क्विंटल/हेक्टेयर तक उपज प्राप्त हो जाती है।

श्रेणीकरण (Gradating)

प्याज के कन्दों (Bulbs) को तीन श्रेणियों यानी अ (>80मि.मी.), ब (50-80 मि.मी.) और स (30-50 मि.मी.) में आकार के आधार पर वर्गीकृत करना चाहिए। भारत मेंप्याज का श्रेणीकरण सामान्यतः भंडारण से पहले याविपणन से पहले हाथों से किया जाता है। यह एक कष्टकर प्रक्रिया है और इसके लिए कई मजदूरों की आवश्यकता होती है। यंत्र से श्रेणीकरण करने से श्रम शुल्क कम होता हैऔर अचूकता भी बढ़ती है। भा.कृ.अनु.प.-प्या.ल.अनु.नि.ने प्याज के श्रेणीकरण के लिए हाथ से और मोटर से चलने वाला श्रेणीकरण यंत्र, विकसित किए हैं। प्याज को श्रेणीकरण यंत्र के द्वारा आकार के आधार पर पांच श्रेणियों में वर्गीकृत किया जाता है। हस्त चालित श्रेणीकरण यंत्र की क्षमता हाथ से श्रेणीकरण की तुलना में पांच गुना अधिक है,जबकि मोटर चालित श्रेणीकरण यंत्र की क्षमता लगभग 20 गुना अधिक है। प्याज की श्रेणीकरण की अचूकता, श्रेणीकरण यंत्र के साथ 90% है जबकि हस्त चालित श्रेणीकरण यंत्र के साथ 70% के आसपास है।

6

एकीकृत कीट एवं रोग प्रबंधन

एकीकृतकीट एवं रोग प्रबंधन(Integrated Pest and Disease Management)

प्रमुख कीट(Major insects)

थ्रिप्स(Thrips)

इस कीट का वैज्ञानिक नाम *थ्रिप्स टाबाकाई (Thrips tabaci)*है। यह छोटे और पीले रंग के कीट होते हैं, जो पत्तियों का रस चूसते है। जिससे पत्तियों पर सफेद या चांदी के समान धब्बे दिखाई देते हैं ।

गंभीर प्रकोप में पूरा पौधा मुरझाया हुआ दिखता है और सफेद हो जाता है।

प्रबंधन(Management)

- रोपाई से कम से कम 30 दिन पहले मक्का की दो पंक्तियों या मक्का की एक बाहरी पंक्ति और गेहूं की एक भीतरी पंक्ति को प्याज की फसल के आसपास एक बाधा फसल के रूप में लगाने से वयस्क थ्रिप्स की आवाजाही को अवरुद्ध करने में मदद मिलती है।
- जब थ्रिप्स की आबादी 30 थ्रिप्स/पौधे के आर्थिक स्तर को पार कर जाए तो कीटनाशक का छिड़काव करें

- संक्रमण की गंभीरता के आधार पर लैम्ब्डा-सायलोथ्रिन 5% ईसी 120 मिली प्रति एकर 120-160 लीटर पानी मे घोलकर छिडकाव करें या फिप्रोनिल 80% डब्ल्यूजी 30 ग्राम प्रति एकर 200 लीटर पानी मे घोलकर छिडकाव करें।

एरोफाइडमाइट(Eriophyid mite)

इसका वैज्ञानिक नाम ***एसेरिया ट्यूलिपे (Aceria tulipae)***मकड़ी के प्रकोप के कारण पत्तियां पूरी तरह से नहीं खुलती हैं। पूरा पौधा मुडा हुआ दिखाता है। पत्तियों पर पीले धब्बे ज्यादातर पत्तियों के किनारों पर देखे जाते हैं।

प्रबंधन(Management)

- खेत में लक्षण दिखाई देने पर फेनजाक्विन 10% ईसी 500 मिली प्रति एकर 200 लीटर पानी मे घोलकर छिडकाव करें। यदि आवश्यक हो तो 15 दिनों के बाद दोबारा छिड़काव करें।

प्रमुख रोग(Major diseases)

डेम्पिंग ऑफ (Damping off)

यह रोग *पाइथियम स्पीशीज* (*Pythium spp.*), *राइजोक्टोनिया सोलानी* (कुह्न) (*Rhizoctonia solani* (Kühn), *फुसैरियम ऑक्सीस्पोरम* (श्लेच्ट) (*Fusarium oxysporum* (Schlecht), *फुसैरियम ऑक्सीस्पोरम* एफ. स्पीशीज *केपी* (श्लेच. एमेंड. स्नाइडर और हैनसेन) *F. oxysporum* f. sp. *cepae* (Schlecht. emend. Snyder & Hansen), *स्क्लेरोशियम रॉल्फिस* (सैक.) (*Sclerotium rolfsii* (Sacc.), *स्क्लेरोशियम सेपिवोरम* (बर्क) (*Sclerotium cepivorum* (Berk) और *कोलेटोट्रिचम* स्पीशीज (*Colletotrichum* sp) से होता है । इस रोग में मिट्टी से निकलने के बाद अंकुर गिर जाते हैं। यह आमतौर पर जमीनी स्तर पर या भूमि से नीचे होता है और संक्रमित ऊतक नरम और पानी से लथपथ दिखाई देते हैं।

प्रबंधन(Management)

- बीज को बुवाई से पहले थाइरम 2 ग्राम + कार्वेनिन्डाजिम 1 ग्राम प्रति किलोग्राम की दर से उपचार करें या *ट्रायकोडरमाविरीडी* (*Trichoderma viride*) 4 ग्राम प्रति किलोग्राम बीज की दर से बीज उपचार करें।
- नर्सरी बेड को कैप्टन या थिरम 2 ग्राम प्रति लीटर पानी या कार्बेन्डाजिम @ 1 ग्राम प्रति लीटर पानी या कॉपर ऑक्सीक्लोराइड 3 ग्राम प्रति लीटर पानी से ड्रेचिंग करें ।
- उठे हुई क्यारियों में बीज की बुआई करें ।

बैंगनीधब्बा(Purple blotch)

यह रोग ***अल्टरनेरियापोरी*** (***Alternaria porri***)नामक फफूँद के कारण होता है। प्रारंभ में छोटे, क्लोरोटिक मार्जिन से घिरे हुए बैंगनी-भूरे रंग के अण्डाकार घाव या धब्बे बनते हैं । जब धब्बे बड़े हो जाते हैं, तो क्लोरोटिक मार्जिन वास्तविक घाव के ऊपर और नीचे फैल जाता है। घाव आमतौर पर पत्तियों को घेर लेते हैं, जिससे वे गिर जाती हैं। घाव पुराने पत्तों के शीर्ष पर भी शुरू हो जाते हैं । यह रोग 28-30° सेल्सियस तापमान और 80-90% सापेक्ष आर्द्रता की अनुकूल परिस्थितियों में तेजी से फैलता है।

प्रबंधन(Management)

- पर्पल रोग के प्रति सहनशील किस्म भीमा सुपर लगावें।
- प्याज में पर्पल ब्लाच रोग की रोकथाम के लिए डाईफेनाकोनाज़ोल 25% ईसी 200 मिली प्रति एकर 200 लीटर पानी मे घोलकर छिडकाव करें या
- किटाज़िन 48% ईसी 200 मिली प्रति एकर 200 लीटर पानी मे घोलकर छिडकाव करें या
- एजोक्सिस्ट्रोबिन 23% एससी 200-300 मिली प्रति एकर 200-300 लीटर पानी मे घोलकर छिडकाव करें या

- एजोक्सिस्ट्रोबिन 11% + टेबुकोनाज़ोल 18.3% एससी 300 मिली प्रति एकर 320 लीटर पानी मे घोलकर छिडकाव करें।

स्टेंमफायलियम झुलसारोग(Stemphylium blight)

यह रोग ***स्टेमफिलियम वेसिकारियम* (*Stemphylium vesicarium*)** नामक फफूँद के कारण होता है। इस रोग में पत्ती के बीच में पीले से नारंगी रंग के छोटे-छोटे धब्बे या धारियाँ विकसित होती हैं जो जल्द ही लम्बी, धुरी के आकार में विकसित हो जाती हैं, जो कि विशिष्ट गुलाबी रंग के मार्जिन से घिरे लंबे विसरित धब्बे होते हैं। धब्बे सिरे से पत्तियों के आधार तक बढ़ते हैं। धब्बे विस्तारित पैच में जमा हो जाते हैं, धीरे-धीरे पूरे पत्ते को झुलसा देते हैं।

प्रबंधन(Management)

- बोसकेलिड 25.2% + पाइरक्लोस्ट्रोबिन 12.8% डब्ल्यूजी 200 ग्राम प्रति एकर 200 लीटर पानी मे घोलकर छिडकाव करें या
- एजोक्सिस्ट्रोबिन 18.2% + डायफेनाकोनाजोल 11.4% एससी 200 मिली प्रति एकर 200 लीटर पानी मे घोलकर छिडकाव करें।

जलेबी रोग (Twister disease)

यह रोग ***कोलेटोट्रिचम ग्लियोस्पोरियोड्स* (*Colletotrichum gleosporiodes*)**नामक फफूँद के कारण होता है। इस रोग की शुरुआत में हल्के पीले पानी से भीगे हुए अंडाकार धँसे हुए घाव पत्ती के ब्लेड पर दिखाई देते हैं। मध्य भाग में कई काले रंग की थोड़ी उभरी हुई संरचनाएं उत्पन्न होती हैं, जिन्हें संकेंद्रित वलयों में व्यवस्थित किया जा सकता है। प्रभावित पत्तियाँ सिकुड़ जाती हैं, नीचे गिर जाती हैं और अंत में मुरझा जाती हैं। इस रोग का विशिष्ट लक्षण कर्लिंग, मरोड़ना, पत्तियों का क्लोरोसिस और गर्दन का असामान्य बढ़ाव (झूठा तना) हैं।

प्रबंधन(Management)

- उचित जल निकास वाले खेत का चयन करें।

- जल भराव से बचें।
- उठी हुई क्यारी पर प्याज का रोपण करना चाहिए।
- मैंकोज़ेब 75% डब्लूपी 500 ग्राम प्रति एकर 200 लीटर का 0.25% की दर से पर्ण छिड़काव पानी मे घोलकर छिडकाव करें।

आयरिश येलो स्पॉट वायरस(Irish Yellow Spot Virus (IYSV)

यह एक विषाणु जनित रोग है। इस रोग में पत्तियों पर हरे केंद्रों के या बिना हरे केन्द्रों के पीले या भूरे रंग की किनारों के साथ पहले भूरे रंग के, सूखे, धुरी या हीरे के आकार के घावों के रूप में दिखाई देते हैं। फूल के डंठल पर रोग के लक्षण अधिक स्पष्ट होते हैं। संक्रमित पत्ते और डंठल आगे चलकर गिर जाते हैं।

- थ्रिप्स और आइरिस येलो स्पॉट वायरस से मुक्त उच्च गुणवत्ता वाली पौध की रोपाई करें ।

- प्याज की फसल के बीच तीन साल या उससे अधिक समय तक चक्र अपनाएँ ।
- प्याज के खेतों में और उसके आसपास खरपतवारों को हटा दें।
- थ्रिप्स का नियंत्रण, आईरिस के पीले धब्बे में कुछ कमी प्रदान कर सकता है, लेकिन बीमारी को आर्थिक रूप से नियंत्रित करने के लिए अकेले थ्रिप्स नियंत्रण पर्याप्त नहीं है।

प्याज पीला बौना वायरस (Onion Yellow Dwarf Virus (OYDV)

यह एक विषाणु जनित रोग है। इस रोग में पत्तियों पर हल्के हरे रंग की धारियों से लेकर चमकीली पीली धारियां बन जाती हैं। साथ ही पत्तियों का मुड़ना और पौधों का विकास रूक जाता है।

प्रबंधन(Management)

- विषाणु मुक्त रोपण सामग्री का उपयोग करें।

- प्रतिरोधी किस्मों का उपयोग करें।
- माहू ओवाईडीवी के लिए एक वाहक कीट है इसका नियंत्रण करें।

लहसुन की उन्नत खेती

7

परिचय

लहसुन(Garlic)का वानस्पतिक नाम ***एलियम सैटिवम*** **एल.**(***Allium sativum*** **L.**)है। यह **एलिएसी**(**Alliaceae**)कुल के अंतर्गत आता है। इसका उत्पत्ति स्थान **मध्य एशिया** (**Central Asia**)माना जाता है। इसकी एक खास गंध होती है, तथा स्वाद तीखा होता है जो पकाने से काफी हद तक बदल कर मृदुल हो जाता है। इसमें पाये जाने वाले सल्फर के यौगिक ही इसके तीखे स्वाद और गंध के लिए उत्तरदायी होते हैं। लहसुन में रासायनिक तौर पर गंधक की अधिकता होती है। इसे पीसने पर **ऐलिसिन**(**Allicin**)नामक यौगिक प्राप्त होता है जो प्रतिजैविक विशेषताओं से भरा होता है। भारत में 317 हजार हेक्टेयर में प्याज की खेती की जाती है, जिससे 1611 हजार मीट्रिक टन उत्पादन प्राप्त होता है। (**हॉर्टिकल्चर स्टेटिस्टिक्स एट ए ग्लांस 2018**)।किसान भाई लहसुन की खेती कर अच्छा लाभ प्राप्त कर सकते हैं ।

8
जलवायु एवं मृदा

उपयुक्तजलवायु (Suitable climate)

लहसुन को विभिन्न प्रकार की जलवायु परिस्थितियों में उगाया जाता है। हालाँकि, यह बहुत अधिक गर्म और बहुत ठंडे तापमान का सामना नहीं कर सकती है। इसे वानस्पतिक वृद्धि और बल्ब विकास चरणों के दौरान ठंडी और नम जलवायु एवं परिपक्वता के दौरान गर्म शुष्क मौसम की आवश्यकता होती है। सामान्य तौर पर, ठंडी बढ़ती अवधि के परिणामस्वरूप गर्म परिस्थितियों की तुलना में अधिक उपज होती है। किस्म के आधार पर 1-2 माह के लिए 20 डिग्री सेल्सियस या उससे कम तापमान पर बल्बों का अच्छा होता है।

उपयुक्त मृदा (Suitable Soils)

लहसुन की खेती कई प्रकार की मिट्टी में सफलतापूर्वक की जा सकती है, लेकिन इस फसल को उगाने के लिए 6-8 पीएच के साथ अच्छी जल निकासी वाली उपजाऊ दोमट मिट्टी वांछनीय है। प्याज की तरह, लहसुन अत्यधिक अम्लीय, क्षार और लवणीय मिट्टी और जल भराव की स्थिति के प्रति संवेदनशील है। उच्च कार्बनिक पदार्थों वाली मिट्टी को उनकी बढ़ी हुई नमी और पोषक तत्वों को धारण करने की क्षमता के कारण पसंद किया जाता है। इनमें क्रस्टिंग और संघनन की संभावना कम होती है। भारी मिट्टी में, उत्पादित बल्ब विकृत हो सकते हैं। खराब जल निकासी वाली मिट्टी में बल्ब मुरझा जाते हैं।

9

उन्नत किस्में

भीमा ओंकार(Bhima Omkar)

इस किस्म के बल्ब, ठोस एवं मध्यम आकार के होते हैं। इस किस्म की दिल्ली, गुजरात, हरियाणा और राजस्थान राज्यों में खेती के लिए सिफारिश की गई है। यह किस्म **120-135** दिनों में परिपक्व होती है। इस किस्म की औसत उपज 80-140 क्विंटल / हेक्टेयर है।

भीमा बैंगनी (Bhima Purple)

इस किस्म के बल्ब बैगनी छिलका वाले आकर्षक होते हैं। इस किस्म की आंध्र प्रदेश, बिहार, दिल्ली, हरियाणा, कर्नाटक, महाराष्ट्र, पंजाब और उत्तर प्रदेश में खेती के लिए सिफारिश की गई है। यह 120-135 दिनों में परिपक्व हो जाती है। इस किस्म की औसत उपज 60-70 क्विंटल / हेक्टेयर है।

यमुनासफेद1 (G-1)

प्रत्येक शल्क कन्द ठोस तथा बाह्य त्वचा चांदी की तरह सफेद ए कली क्रीम के रंग की होती है। यह 150-160 दिनों में तैयार हो जाती है। इसकी पैदावार 150-160 क्विन्टल प्रति हेक्टयर मिल जाती है।

यमुनासफेद2 (G-50)

शल्क कन्द ठोस त्वचा सफेद गुदा, क्रीम रंग का होता है। पैदावार 130- 140 क्विन्टल प्रति हेक्टयर हो जाती है। फसल 165-170 दिनों में तैयारी हो जाती है। यह किस्म बैंगनी धब्बा तथा झुलसा रोग के प्रति

सहनशील होती है।

यमुनासफेद3 (G-282)

इसके शल्क कन्द सफेद बड़े आकार ब्यास (4.76 से.मी.) क्लोब का रंग सफेद तथा कली क्रीम रंग का होता है। 15-16 क्लोब प्रति शल्क पाया जाता है। यह जाति 140-150 दिनों में तैयार हो जाती है। इसकी पैदावार 175-200 क्विंटल / हेक्टेयर है। यह किस्म निर्यात की दृष्टी से बहुत ही अच्छी हैं।

यमुना सफेद 4 (G-323)

इसके शल्क कन्द सफेद बड़े आकार (ब्यास 4.5 से.मी.) क्लोब का रंग सफेद तथा कली क्रीम रंग का होता है। 18-23 क्लोब प्रति शल्क पाया जाता है। यह जाति 165-175 दिनों में तैयार हो जाती है। इसकी पैदावार 200-250 क्विंटल/ हेक्टेयर है। यह किस्म निर्यात की दृष्टी से बहुत ही अच्छी है।

10
उत्पादन प्रौद्योगिकी

खेतकी तैयारी (Field preparation)

लहसुन की अच्छी पैदावार के लिए खेत को अच्छी तरह से तैयार करना बेहद जरुरी है। खेत में पकी हुई गोबर की खाद को डालकर उसे अच्छे से मिट्टी में मिला दें। खाद को मिट्टी में मिलाने के लिए खेत की कल्टीवेटर के माध्यम से दो से तीन जुताई कर दें। उसके बाद खेत में अनुशंसित मात्रा में रासायनिक खाद को छिड़ककर खेत में रोटावेटर चला दें। इसके बाद 4-6 मीटर लम्बी एवं 1.5 से 2 मीटर चौड़ी क्यारियां बना लें।

रोपण (Planting)

लहसुन के रोपण का उपयुक्त समय अक्टूबर माह होता है। रोपण हेतु स्वस्थ एवं बड़े आकार की शल्क कंदो (Cloves) का उपयोग किया जाता है। बीज दर 5 क्विंटल प्रति हेक्टेयर होती है। रोपण के लिए बड़ी कली (Clove) (>1.5 ग्राम) का चयन किया जाना चाहिए। छोटी, रोगग्रस्त और क्षतिग्रस्त लौंग को खारिज कर देना चाहिए। स्थापना के दौरान कवक रोगों की घटनाओं को कम करने के लिए रोपण से ठीक पहले कलियों को कार्बेन्डाजिम 1 ग्राम प्रति लीटर पानी के घोल घोल से उपचारित करना चाहिए। उपचार के बाद लहसुन की कलियों को 2 से.मी. की गहराई में गाड़कर उपर से हलकी मिट्टी से ढक देना चाहिए। रोपण के समय कलियों के पतले हिस्से को उपर ही रखते है। रोपण के समय

कलियों से कलियों की दूरी 10 से.मी. व कतारों की दूरी 15 से.मी.रखना उपयुक्त होता है। बड़े क्षेत्र में फसल के रोपण के लिये गार्लिक प्लान्टर (Garlic Planter) का भी उपयोग किया जा सकता है।

एकीकृतपोषक तत्व प्रबंधन(Integrated Nutrient Management)

लहसुन की अच्छी उपज एवं गुणवत्ता हेतु खाद व उर्वरकों का उपयोग मृदा परीक्षण के आधार पर करना चाहिये। सामान्य तौर पर 200 क्विंटल गोबर की खाद प्रति हेक्टेयर + 100:50:50:50 किलोग्राम एनपीकेएस/ हेक्टेयर उपयोग की सिफारिश की जाती है। अनुशंसित गोबर की खाद को अंतिम जुताई से पहले मिट्टी में अच्छी तरह मिला देना चाहिए। नाइट्रोजन की एक तिहाई और फास्फोरस, पोटेशियम और सल्फर की पूरी अनुशंसित मात्रा को रोपण के समय आधार खुराक के रूप में डालना चाहिए। शेष दो तिहाई नत्रजन को दो बराबर भागों में बाटकर बुआई के 30 और 45 दिन बाद खड़ी फसल में टॉप ड्रेसिंग के रूप में देना चाहिए। यदि मृदा में जिंक की कमी हो तो 25 किलोग्राम जिंक सल्फेट (Zinc Sulphate) 33 % प्रति हेक्टेयर 3 साल में एक बार बुआई के पूर्व उपयोग करना चाहिए।

लहसुनकी अच्छी उपज हेतुघुलनशीलउर्वरकों का पर्णीय छिडकाव(Foliar spray of soluble fertilizers for good yield of garlic)

- यदि वानस्पतिक वृद्धी कम हो तो 19:19:19 पानी मे घुलनशील उर्वरक 2.5 किलोग्राम प्रति हेक्टेयर 500 लीटर पानी मे घोलकर बुआई के 30, 45 एवं 60 दिन बाद छिडकाव करें। इसके बाद 13:0:45 पानी में घुलनशील उर्वरक 2.5 किलोग्राम प्रति हेक्टेयर 500 लीटर पानी मे घोलकर बुआई के 75, 90 एवं 105 दिन बाद छिडकाव करें।
- अच्छी उपज व गुणवत्ता के लिए सूक्ष्म पोषक तत्वों का मिश्रण 500 ग्राम प्रति हेक्टेयर 500 लीटर पानी मे घोलकर बुआई के 45 और 60 दिन बाद छिडकाव करें।

सिंचाई(Irrigation)

लहसुन में रोपण के तत्काल बाद हल्की सिंचाई कर देनी चाहिए। इसके बाद 7-10 दिन के अंतराल पर सिंचाई करते रहना चाहिए। सिंचाई हमेशा हल्की एवं खेत में पानी भरने नही देना चाहिए। अधिक अंतराल पर सिंचाई करने से कलियां बिखर जाती हैं । फसल परिपक्वता के समय खुदाई के 10 से 15 दिन पूर्व सिंचाई बंद कर देना चाहिए।

एकीकृतखरपतवार प्रबंधन(Integrated Weed Management)

जड़ों में उचित वायु संचार हेतु खुरपी द्वारा रोपण के 25-30 दिन बाद प्रथम निदाई-गुडाई एवं दूसरी निदाई-गुडाई 45-50 दिन बाद करनी चाहिए। लहसुन में खरपतवारनाशी से खरपतवार नियंत्रण हेतु पेड़ामेंथिलीन 30% ईसी (Pendimethalin 30% EC) 3.3 लीटर प्रति हेक्टेयर बुआई के बाद 0-3 के अंदर अंकुरण पूर्व 500 लीटर पानी में घोलकर छिडकाव करना चाहिए। या ऑक्सिफलौरफेन 23.5% ईसी (Oxyflorfen 23.5% EC) 750 मिली प्रति हेक्टेयर बुआई के पूर्व या बुआई के शीघ्र बाद 500 लीटर पानी में घोलकर छिडकाव करें। लहसुन की खड़ी फसल में सकरी पत्ती के खरपतवारों की रोकथाम के लिए क्विज़लफोप इथाइल 5% ईसी (Quizalofop Ethyl 5% EC) 1 लीटर प्रति हेक्टेयर 500 लीटर पानी मे घोलकर बुआई के 30 दिन बाद छिडकाव करें।

खुदाई(Harvesting)

लहसुन की जिस समय पौधों की पत्तियाँ पीली पड़ जायें और सूखने लग जाये तब खुदाई के 10 से 15 दिन पूर्व सिंचाई बन्द कर देनी चाहिए एवं खुदाई की जाना चाहिए। इसके बाद गाँठो को 3-4 दिनों तक छाया में सुखा लेते हैं। फिर 2 से 2.25 से.मी. छोड़कर पत्तियों को कन्दों से अलग कर लेते हैं । कन्दो को साधारण भण्डारण में पतली तह में रखते हैं। ध्यान रखें कि फर्श पर नमी न हो। लहसुन पत्तियों के साथ जुड़े बांधकर भण्डारण किया जाता है।

छटाई(Grading)

लहसुन को बाजार या भण्डारण में रखने के लिए उनकी अच्छी प्रकार छटाई रखने से अधिक से अधिक लाभ मिलता है तथा भण्डारण में

हानि काम होती है इससे कटे फटे बीमारी तथा कीड़ों से प्रभावित लहसुन छांटकर अलग कर लेते हैं।

11
उपज एवं भण्डारण

उपज(Potential yield)

लहसुन की उपज उसकी जातियों भूमि और फसल की देखरेख पर निर्भर करती है प्रति हेक्टेयर 125 से 150 क्विंटल उपज मिल जाती है।

भण्डारण(Storage)

लहसुन मुख्य रूप से रबी की फसल है जिसे मार्च के दौरान उखाड़ा जाता है और खपत के लिए पूरे वर्ष इसकी आवश्यकता होती है। इसलिए, लहसुन के बल्बों को ठीक से संग्रहीत किया जाना चाहिए। अच्छी तरह से सूखी लहसुन को हवादार भंडारण संरचनाओं में कम सापेक्ष आर्द्रता (<70%) पर 5-6 महीने के लिए संग्रहीत किया जा सकता है। बल्बों को भंडारण से पहले वर्गीकृत किया जाना चाहिए और 20-25 पौधों को शीर्ष के साथ बंडलों में बांधा जाना चाहिए। शीर्ष को तीन खंडों में विभाजित किया जाना चाहिए और कसकर आपस में जोड़ा जाना चाहिए। इस तरह के बंडलों को 15 दिनों के लिए छाया में सीधा रखा जाता है और उन्हें सूखे और अच्छी तरह हवादार क्षेत्र में लटका दिया जाता है। लहसुन को लम्बे समय तक भंडारण के लिए, कोल्ड स्टोर में कम सापेक्ष आर्द्रता (60-70%) के साथ -1 डिग्री सेल्सियस से 0 डिग्री सेल्सियस के तापमान पर भंडारित किया जा सकता है।

12

एकीकृत कीट एवं रोग प्रबंधन

प्रमुख कीट (Major insects)

थ्रिप्स(Thrips)

इस कीट का वैज्ञानिक नाम ***थ्रिप्स टाबाकाई*** (***Thrips tabaci***)है। यह छोटे और पीले रंग के कीट होते हैं, जो पत्तियों का रस चूसते है। जिससे पत्तियों पर सफेद या चांदी के समान धब्बे दिखाई देते हैं । गंभीर प्रकोप में पूरा पौधा मुरझाया हुआ दिखता है और सफेद हो जाता है।

प्रबंधन(Management)

- प्रतिरोधी/सहनशील किस्मों का उपयोग करें।
- प्याज या अन्य पसंदीदा/वैकल्पिक मेजबान जैसे गोभी, कपास, टमाटर, ककड़ी, खरबूजे, कद्दू, स्ट्रॉबेरी आदि के क्रमिक रोपण से बचें।
- नई फसल को पहले से बोई गई फसल की हवा के विपरीत दिशा में रोपें जो प्रारंभिक अवस्था में पुराने रोपण से कुछ हद तक संक्रमण से बचने में मदद करती है।
- बुआई की तारीखों को समायोजित करें।

- रिफ्लेक्टिव प्लास्टिक सिल्वर कलर और एल्युमिनियम पेंटेड ब्लैक मल्च का इस्तेमाल थ्रिप्स (बीज फसल) को दूर भगाता है।
- स्प्रिंकलर सिंचाई के उपयोग से ड्रिप और सतही सिंचाई की तुलना में थ्रिप्स की आबादी काफी कम हो जाती है।
- मक्के की दो पंक्तियाँ या गेहूँ की भीतरी पंक्ति और मक्के की बाहरी पंक्ति लहसुन के खेत के चारों ओर बैरियर फसल के रूप में उगावें (राष्ट्रीय बागवानी मिशन 2012) ।
- अधिक प्रकोप की अवस्था में इस कीट के नियंत्रण के लिए फिप्रोनिल 5% एससी 1 लीटर प्रति हेक्टेयर 500 लीटर पानी में घोलकर 15 दिन के अन्तराल पर छिडकाव करना चहिए।

एरियोफिड माइट (Eriophyid mite)

इसका वैज्ञानिक नाम ***एसेरिया ट्यूलिपे*** *(Aceria tulipae)* है। इसके शिशु एवं वयस्क दोनों युवा पत्तियों पर और लहसुन की कलियों की परतों के बीच रस चूसते हैं उनके चूसने से पौधों में बौनापन, मरोड़, मुड़ना और पत्ते का रंग फीका पड़ जाना और स्कारिफ़िकेशन और बल्ब टिश्यू का सूखना होता है।

प्रबंधन(Management)

- लगातार एक ही खेत में प्याज या लहसुन की फसलें लगाने से बचें।
- खुली सिंचाई से मिट्टी में मकड़ी का स्तर कम हो जाता है।
- जैसे ही लक्षण दिखाई दें डाइकोफोल 18.5% ईसी 1250 मिली प्रति हेक्टेयर 500 लीटर पानी में घोलकर छिड़काव करें। यदि आवश्यक हो तो **15** दिनों के बाद दोबारा छिड़काव करें।

लाल मकड़ी (Red spider mite)

इसका वैज्ञानिक नाम ***टेट्रानिकस अर्टिके****(Tetranychus urticae)* है। पत्तियों का सफेद मलिनकिरण जिसमें मल, अंडे, लार्वा और वयस्क घुन के छोटे धब्बे होते हैं। पत्तियों पर पीले या कांसे के धब्बे। पत्तों पर मकड़ी का जाला बनना प्रमुख लक्षण हैं।

प्रबंधन(Management)

- लगातार एक ही खेत में प्याज या लहसुन की फसलें लगाने से बचें।
- जैसे ही लक्षण दिखाई दें डाइकोफोल 18.5% ईसी 1250 मिली प्रति हेक्टेयर 500 लीटर पानी में घोलकर छिड़काव करें। यदि आवश्यक हो तो 15 दिनों के बाद दोबारा छिड़काव करें।

प्रमुखरोग(Major diseases)

बैंगनीधब्बा(Purple blotch)

यह रोग ***अल्टरनेरिया पोरी (Alternaria porri)***नामक फफूंद से होता है। इस रोग के प्रभाव से प्रारम्भ में पत्तियों तथा उर्ध्व तने पर सफेद एवं अंदर की तरफ धब्बे बनते है, जिससे तना एवं पत्ती कमजोर होकर गिर जाती है। फरवरी एवं अप्रेल में इसका प्रकोप ज्यादा होता है।

प्रबंधन(Management)

- बुआई के लिए स्वस्थ बीजों का उपयोग करें।
- गैर-पोषक फसलों के साथ 2-3 वर्ष फसल चक्र अपनाएं।
- नियमित अंतराल पर उचित जल निकासी का पालन करें।
- उर्वरकों की अनुशंसित मात्रा का उपयोग करें।
- प्रतिरोधी किस्मों का प्रयोग करें।
- अधिक प्रकोप की अवस्था में मेन्कोजेब 75% डब्ल्यूपी 1250 ग्राम प्रति हेक्टेयर 500 लीटर पानी में घोलकर 15 दिन के अंतराल पर दो बार छिडकाव करें या एजोक्सिस्ट्रोबिन 23% एससी 500 मिली प्रति हेक्टेयर 500 लीटर पानी मे घोलकर छिडकाव करें।

स्टेमफायलमपत्तीझुलसारोग(Stemphylium leaf blight)

यह रोग ***स्टेंफिलियम सेसिकारियम/वेसिकारियम (Stemphylium cesicarium/ vesicarium)*** नामक फफूंद से होता है। इसके लक्षण पत्तियों के बीच में छोटे पीले से नारंगी रंग के चकत्तों या धारियों के रूप में दिखाई देते हैं, जो जल्द ही गुलाबी रंग के किनारे से

घिरे लंबे स्पिंडल के आकार के धब्बों में विकसित हो जाते हैं। पुष्पवृक्क डंठल पर रोग बीज की फसल को गंभीर नुकसान पहुंचाता है।

प्रबंधन(Management)

- रोगग्रस्त फसल अवशेषों को इकट्ठा करके जलाएं।
- गैर-पोषक फसलों के साथ लंबे चक्रों का पालन करें।
- उचित जल निकासी का पालन करें और पौधों के घनत्व को कम करें।
- अधिक प्रकोप की अवस्था में मेन्कोजेब 75% डब्लूपी 1250 ग्राम प्रति हेक्टेयर 500 लीटर पानी या एजोक्सिस्ट्रोबिन 18.2% + डायफेनाकोनाजोल 11.4% एससी 500 मिली प्रति हेक्टेयर 500 लीटर पानी मे घोलकर छिडकाव करें।

सफेद गलन (White rot)

यह रोग ***स्क्लेरोटियम सेपिवोरम***(*Sclerotium cepivorum*) नामक फफूंद से होता है। इस रोग के प्रमुख लक्षण पत्ती की युक्तियों का पीलापन और मरना। जड़ें सामान्य रूप से नष्ट हो जाती हैं। भूरा या काला स्क्लेरोटिया सतह पर या ऊतक के भीतर विकसित होता है।

प्रबंधन(Management)

- फसल चक्र अपनाना चाहिए, संक्रमित पौधे को नष्ट किया जा सकता है और इन पौधों के आसपास की मिट्टी का उपचार किया जाना चाहिए।
- उच्च तापमान पर मृदा सौरीकरण रोग की घटनाओं को कम करता है।

- कार्बेन्डाजिम 50% डब्लूपी 500 ग्राम प्रति हेक्टेयर 500 लीटर पानी मे घोलकर छिडकाव करें।

कीटनाशकों के उपयोग के समय रखी जाने वाली सावधानियाँ

कीटनाशकों के उपयोग के समय रखी जाने वाली सावधानियाँ (Precautions to be taken while using pesticides)

कीटनाशक क्रय (Pesticide purchase)

- एक बार प्रयोग के लिए जितनी मात्रा की आवश्यकता है उतनी ही मात्रा में कीटनाशक का क्रय करें।
- रिसते हुए डिब्बों, खुला, बिना मोहर, फटे बैग में कीटनाशक का क्रय न करें।
- बिना अनुमोदित लेबल वाले कीटनाशक का चयन न करें।

भण्डारण (Storage

- घर के अंदर कीटनाशक का भण्डारण न करें।
- मौलिक मोहरबंद डब्बे का ही प्रयोग करें।
- कीटनाशक को किसी दूसरे पात्र में स्थानांतरित न करें।
- खाद्य सामग्री या चारा के साथ कीटनाशक को न रखें।
- कीटनाशक को बच्चों या पशुओं के पहुँच के बाहर रखें।
- वर्षा या धुप में कीटनाशक के साथ न रखें।

उपयोग (Use)

- खाद्य पदार्थों के साथ कीटनाशक को न लावें तथा परिवहन न करें।
- अधिक कीटनाशक की मात्रा को सर पर, कंधों पर, पीठ पर रखकर स्थानांतरित न करें।

कीटनाशक छिड़काव हेतु घोल निर्माण में सावधानियाँ (Precautions in preparation of pesticides solution for spraying)

- केवल शुद्ध जल का प्रयोग करें।
- छिडकाव अवधि में अपना नाक, आँख, मुंह, कान तथा हाथ का बचाव करें।
- घोल बनाते समय हाथ का दस्ताना, चेहरे का मुखौटा, नकाब तथा सर को ढकते हुए टोपी का प्रयोग करें। इस अवधि में कीटनाशक हेतु उपयोग किये गये पॉलिथीन का उपर्युक्त कार्य हेतु इस्तेमाल न करें।
- घोल बनाते करते समय डिब्बे पर अंकित सावधानियाँ को पढ़कर अच्छी प्रकार समझ लें, तदनुसार कार्रवाई करें।
- छिड़काव किये जाने वाली मात्रा में ही घोल बनाएं ।
- मोहरबंद पात्र के सान्द्र कीटनाशक को हाथ के सम्पर्क में न आने दें। छिड़काव मशीन के टैंक को न सूंघें।
- छिड़काव मशीन के टैंक में कीटनाशक ढालते समय बाहर न गिरने दें।
- छिड़काव मिश्रण तैयार करते समय खाना, पीना, चबाना, या धूम्रपान करना मना है।

छिडकाव उपकरण(Spraying tools)

- सही प्रकार के उपकरण का ही चयन करें।
- रिसने वाले या दोषपूर्ण उपकरण का प्रयोग न करें।
- उचित प्रकार को नोजल का ही प्रयोग न करें।
- रुकावट पैदा होने और नोजल को मुंह से न फूंकें तथा साफ करें। इस कार्य टूथ-ब्रश एवं स्वच्छजल का ही प्रयोग करें।
- खरपतवार नाशक तथा कीटनाशक प्रयोग हेतु एक ही छिड़काव मशीन का उपयोग न करें।

कीटनाशक छिड़काव के समय बरती जाने वाली सावधानियाँ (Precautions to be taken while spraying pesticides)

- केवल सिफारिश की गयी मात्रा तथा सांद्रता के घोल का ही प्रयोग

कीटनाशकों के उपयोग के समय रखी जाने वाली सावधानियाँ

करें।
- कीटनाशक का छिड़काव गर्म टिन की अवधिएवं तेज वायु गति के समय न करें।
- वर्षोपरांत या वर्षा के पूर्व (अनुमानित) कीटनाशक का छिड़काव न करें।
- वायुगति दिशा के विरुद्ध कीटनाशक का छिड़काव न करें।
- छिड़काव के पश्चात स्प्रेयर, बाल्टी आदि को साबुन पानी से साफ कर लें।
- बाल्टी या अन्य पात्र जिसका उपयोगछिड़काव में किया गया है, उसका घरेलू कार्य हेतु पुनः उपयोग न करें।
- छिड़काव के तुरंत बाद उपचारित क्षेत्र में जानवर या मजदूर का प्रवेश वर्जित कर दें।

निपटान (Disposal)

- बचे हुए छिड़काव घोल को तालाब, जलाशय या पानी के पाइप के सम्पर्क में न आने दें।
- उपयोग किये गये बर्तन, डब्बे को पत्थर से पिचकाकर जल स्रोत से दूर मिट्टी में काफी गहराई में गाड़ दें।
- खाली डब्बों का उपयोग खाद्य भंडारण हेतु न करें।

www.ingramcontent.com/pod-product-compliance
Lightning Source LLC
LaVergne TN
LVHW021740060526
838200LV00052B/3381

प्रस्तावना

प्याज (Onion) एवं लहसुन (Garlic) नकदी फसलें (Cash Crops) हैं, भारत में प्याज एवं लहसुन की खेती क्रमश: 1285 एवं 317 हजार हेक्टेयर में की जाती है, जिससे 23262.3 एवं 1611 हजार मीट्रिक टन उत्पादन प्राप्त होता है। (हॉर्टिकल्चर स्टेटिस्टिक्स एट ए ग्लांस 2018)। इस पुस्तक में प्याज एवं लहसुन उत्पादन की नवीनतम तकनीक, उन्नत किस्में, खेत की तैयारी, रोपण तकनीक, एकीकृत पोषक तत्व प्रबंधन, ड्रिप सिंचाई, एकीकृत कीट एवं रोग प्रबंधन एवं उपज के बारे में तकनीकी जानकारी प्रदान की गई है। मुझे आशा है कि यह पुस्तक किसानों, विस्तार कार्यकर्ताओं एवं छात्रों के लिए उपयोगी साबित होगी।

    डॉ. एस. के. त्यागी

क्रम-सूची

प्रस्तावना	v

प्याज की उन्नत खेती

1. परिचय	3
2. जलवायु एवं मृदा	5
3. उन्नत किस्में	7
4. उत्पादन प्रौद्योगिकी	13
5. उपज एवं श्रेणीकरण	19
6. एकीकृत कीट एवं रोग प्रबंधन	20

लहसुन की उन्नत खेती

7. परिचय	29
8. जलवायु एवं मृदा	30
9. उन्नत किस्में	31
10. उत्पादन प्रौद्योगिकी	33
11. उपज एवं भण्डारण	37
12. एकीकृत कीट एवं रोग प्रबंधन	38
कीटनाशकों के उपयोग के समय रखी जाने वाली सावधानियाँ	43

Copyright © Dr. S. K. Tyagi
All Rights Reserved.

ISBN 978-1-68586-860-4

This book has been published with all efforts taken to make the material error-free after the consent of the author. However, the author and the publisher do not assume and hereby disclaim any liability to any party for any loss, damage, or disruption caused by errors or omissions, whether such errors or omissions result from negligence, accident, or any other cause.

While every effort has been made to avoid any mistake or omission, this publication is being sold on the condition and understanding that neither the author nor the publishers or printers would be liable in any manner to any person by reason of any mistake or omission in this publication or for any action taken or omitted to be taken or advice rendered or accepted on the basis of this work. For any defect in printing or binding the publishers will be liable only to replace the defective copy by another copy of this work then available.

प्याज एवं लहसुन की उन्नत खेती

डॉ. एस. के. त्यागी